De la Suppression de l'Impôt du Timbre sur les Journaux

et de la

Réduction de leur Cautionnement,

PAR FRANÇOIS DE CORCELLE.

(Cet écrit accompagne une Pétition qui sera remise par MM. De Tracy
et De Lamartine.)

DE LA

LA SUPPRESSION DU TIMBRE

IMPOSÉ AUX JOURNAUX

ET DE LA

RÉDUCTION DE LEUR CAUTIONNEMENT.

La Grange, 12 août 1835.

Nous n'avons pas la prétention de traiter ici des questions constitutionnelles. Elles trouveront dans la Chambre d'éloquens et dignes défenseurs. Notre pensée est presque indépendante de nos vœux personnels comme de nos douloureux sentimens.

Nous venons simplement présenter sur les divers états de la presse avant et depuis 1830, quelques réflexions qui nous ont paru nécessaires pour mieux voir les conséquences politiques des nouvelles lois proposées.

LA PRESSE AVANT 1830.

Après plusieurs alternatives de censure ou de gênes fiscales, la presse devait sa douteuse liberté aux exigences de l'opinion publique beaucoup plus qu'aux garanties révocables de la législation. La loi du 18 juillet 1828 dispensait les nouveaux journaux de l'autorisation préalable; mais elle leur imposait des conditions de timbre et de cautionnement qui permettaient difficilement la création de ces sortes d'entreprises. Ceux qui étaient anciennement ou récemment établis continuèrent d'exercer un monopole de fait.

Ainsi centralisée, la presse fut à la fois réduite à la résistance et à l'agression. Elle devint plus agressive à mesure que les promesses de la Charte et les conquêtes de 1789 furent plus menacées. Comme tout était remis en question, elle attaquait en apparence moins qu'elle ne résistait. Le sentiment des dangers communs l'emportait en elle sur celui de sa force extraordinaire et incertaine. Compromise avec les autres libertés, elle s'attachait aux pouvoirs réguliers dont elle attendait protection. L'opposition de la Chambre des députés surtout, tirait des écrivains une assistance toujours plus efficace jusqu'au moment où, devenue majorité, elle provoqua, par son refus de concours, les ordonnances suivies d'une révolution. Il est évident que la Restauration, engagée dans une tentative contre-révolutionnaire, n'aurait pas mieux réussi en accordant la libre concurrence des journaux. Toutefois leur monopole a probablement contribué à maintenir une discipline plus sûre et à recommander avec plus d'éclat les réputations dont on avait besoin pour triompher.

LA PRESSE APRÈS 1830.

VICES DE SON MONOPOLE. — NÉCESSITÉ DE LA LIBRE CONCURRENCE DES JOURNAUX POUR ASSURER UNE REPRÉSENTATION VÉRIDIQUE. — EFFICACITÉ DES RÉPRESSIONS DANS UN RÉGIME DE DROIT COMMUN.

Huit à neuf journaux, agissant comme un seul homme, venaient d'avoir la plus grande part à d'immenses évènemens. Leurs principaux rédacteurs, arrivés aux premiers emplois de l'Etat, laissaient le prodigieux instrument de leur élévation à d'autres écrivains blessés dans leurs principes ou dans leur amour-propre, tous exaltés par l'exemple de ce qu'ils avaient fait, et l'espoir de ce qu'ils pouvaient faire encore.

Effrayés de l'audacieuse énergie de quelques feuilles nouvelles, nos constituans de 1830 ne firent que modifier les conditions fiscales de la loi de 1828. C'était mettre la presse quotidienne de Paris, la seule presse nationale, au pouvoir de quinze journaux existans, dont la moitié seulement avait chance de prospérer.

En effet, la loi du 11 décembre 1830 grève encore chaque abonné quotidien d'un droit de timbre supérieur au quart du prix total de son abonnement, et s'oppose ainsi à la fondation de tout nouveau journal, à moins que ses entrepreneurs ne veuillent risquer un capital de quatre à cinq cent mille francs. Nul journal n'a été fondé, depuis cinq ans, avec la chance de se soutenir. Nous affirmons, sans crainte d'être démentis, que les journaux subventionnés eux-mêmes, à l'exception d'un seul, ne peuvent supporter le poids de leurs impôts et de leurs dépenses.

Quand la chambre refusa de supprimer ces droits, qui rapportaient au trésor une somme d'environ deux millions, peut-être s'est-elle inquiétée de l'extrême embarras des finances; peut-être aussi, a-t-elle mieux aimé favoriser un très petit nombre d'adversaires connus et sujets aux répressions des tribunaux,

en raison de leur plus ou moins de crédit, que de multiplier indé-
finiment, par un libre concours, les ennemis du ministère ou du
gouvernement. Ce calcul a été trompé : aucune feuille importante
légitimiste ou républicaine n'a succombé. Or, les feuilles constitutionnelles ou de tiers-parti, qui, dans l'origine, recommandaient
quelquefois le ministère, sont toutes revenues à divers degrés
d'opposition, de sorte qu'il ne reste aujourd'hui aux ministres
que des organes salariés sur les fonds secrets, et, par là, moins
influens.

Dès le mois d'août 1830, l'opposition s'est partagée en deux
classes : l'une attaquant toutes les bases du gouvernement, se pré-
cipitait dans une guerre sociale; l'autre s'en prenant aux minis-
tères, se bornait à la guerre de portefeuilles.

Les tourmentes inévitables qui suivent une crise insurrection-
nelle; le principe de la souveraineté populaire, les actes du pouvoir et les engagemens du chef de l'État bien ou mal interprétés,
expliquent la progression des mécontentemens manifestés par la
presse révolutionnaire ou seulement opposante. Mais le monopole
même des journaux a la plus grande influence sur les projets, les
sentimens et le langage de leurs directeurs.

Tout pouvoir qui n'est point contrebalancé abuse naturellement de son privilége : ce serait là le vice du gouvernement, si,
au lieu de tempérer son action par le maintien des garanties constitutionnelles, on ne lui opposait plus que des volontés mobiles
et passagères. Tel a été aussi le mal très corrigible de la presse
exclusivement concentrée dans les journaux établis. Il ne s'agirait
que de rentrer dans le droit commun et d'opposer la presse libre
à la presse privilégiée, la publicité à la polémique pour nous
servir d'une sage distinction établie par M. de Girardin (1).

Nous défions qu'on puisse citer un seul danger de la presse qui

(1) Cet honorable député vient d'adresser à ses collègues une brochure remarquable
par les diverses propositions qu'il leur soumet. L'idée d'un Moniteur officiel qui ne
coûterait que les frais de papier et de tirage, c'est-à-dire 12 francs par abonnement,
nous parait excellente. Nous ne voyons également que des avantages à relever la

n'ait aujourd'hui pour cause principale le péché originel du monopole. Si la liberté de la presse vient à succomber pour s'être servie du privilége et des facilités qu'elle tenait du législateur, on peut dire d'avance qu'il se vengera sur elle de ses propres fautes, car il devait prévoir ce qui est arrivé. Comment voulait-on que les anciens collaborateurs de messieurs les ministres ne se fissent pas quelque illusion sur la portée d'un pouvoir qui avait renversé le trône de Charles X ?

« Pour satisfaire la fiscalité du timbre et utiliser le privilége d'un cautionnement onéreux, dit M. de Girardin, les journaux n'ont pas d'autre moyen de se former une clientèle suffisante, que de multiplier les dissentimens politiques et les antipathies sociales ; que de porter périodiquement l'exaspération dans les esprits, le soupçon dans les consciences, par la mauvaise foi systématique de la discussion, l'infidélité réciproque des comptes rendus et l'injustice des attaques à l'égard de tout ce qui est contraire à chacun d'eux. Quand un journal ne peut se soutenir qu'au moyen du concours de cinq mille abonnemens, son intérêt le contraint à créer de profondes dissidences d'opinions et de larges démarcations de partis, afin de fomenter des passions exploitables et des haines productives. »

Ce jugement porté sans exception sur tous les journaux nous paraîtrait au moins injuste. Il est d'ailleurs inutile à l'explication du mal dont on gémit. A quoi bon supposer des intentions si perverses quand une première erreur et les plus généreux motifs peuvent avoir les mêmes résultats ? Plus un journaliste qui se trompe dans l'usage de son monopole a de talent et d'honorable ambition, plus il est dangereux. Quant à nous, nous reconnaissons le mérite moral de toutes les agressions ou résistances qui n'ont point cherché le prix de leurs dangers, soit dans un changement de situation personnelle, soit dans une satisfaction d'amour-propre

considération des gérans ; mais nous croyons que l'élévation des droits de poste à cinq centimes par feuille au lieu de trois, serait fort nuisible à l'établissement des nouveaux journaux.

ou de vengeance. Nous croyons seulement que la plupart des écrivains devaient être entraînés par l'impulsion des évènemens ou de leurs propres pensées, par l'exemple d'un succès inouï, et par l'instinct d'une force sans contre-poids.

Les journaux à l'abri des libres contradictions ou contredits par un très petit nombre d'autres journaux également privilégiés, ont une clientelle imprégnée de leurs idées qui leur reviennent avec les mêmes couleurs pour les égarer davantage quand ils se trompent. Chacun d'eux se fait un miroir qui ne peut réfléchir que leur image. Ainsi, ce monopole a pour inévitable effet de les égarer ou de les pervertir, en restreignant et faussant l'un des plus puissans moyens de l'éducation nationale.

Sous la restauration, on le remarquait moins, parce qu'il était presque impossible d'exprimer d'une manière choquante la vive réprobation d'un pays froissé dans ses mœurs. Mais il est beaucoup plus difficile d'organiser les résultats d'une révolution que de repousser une tendance ouvertement contre-révolutionnaire.

C'est pourquoi, toute influence de passion à part, la presse conservant son monopole après la victoire de 1830, était mille fois plus exposée qu'avant à méconnaître les besoins du pays, à prendre des minorités pour la majorité, et des utopies pour des vues applicables. Quoique son pouvoir fût affaibli, on le trouvait excessif; il fallait le diviser; ses chances d'illusion et d'emportement augmentaient; il fallait la mettre aux prises avec un nombre illimité de contradicteurs (1). On a préféré vivre au jour le jour, multiplier les procès et les acquittemens, irriter un peu plus l'ennemi qu'on prétendait contenir. Il n'y a rien de pis que de persécuter un privilége. On ne doit à la presse ni la dictature ni le

(1) Le seul moyen de neutraliser les effets des journaux est d'en multiplier le nombre. Je ne saurais me figurer qu'une vérité aussi évidente ne soit pas devenue chez nous plus vulgaire. Que ceux qui veulent faire des révolutions à l'aide de la presse, cherchent à ne lui donner que quelques puissans organes, je le comprends sans peine; mais que les partisans officiels de l'ordre établi croient atténuer l'action de la presse en la concentrant, voilà ce que je ne saurais concevoir. (*De la Démocratie en Amérique*, par M. de Tocqueville, tome II, p. 23.)

martyre, et il est bien insensé de vouloir la tuer parce qu'on l'a faite trop puissante.

La presse privilégiée et persécutée, la presse révolutionnaire, en attaquant tant de réputations parmi les pouvoirs réguliers de l'État, agissait à la fois comme rivale et comme ennemie. N'ayant plus que des intérêts et des sentimens opposés à ceux qui faisaient d'elle, autrefois, l'auxiliaire dévouée de la tribune, elle devait désavouer l'opposition parlementaire qui la désavouait.

N'était-il pas tout simple aussi que les attaques fussent réciproques et que les plus faibles assaillans succombassent dans ce duel inégal ? Cependant, s'il est facile de régénérer la presse en lui donnant la liberté, s'il est possible de l'anéantir par les lois nouvelles, ces lois ne peuvent servir à la corriger.

La France n'est pas un pays d'aveugle fanatisme. Peut-être l'énergie d'une seule opinion était à craindre pour le gouvernement, au milieu de l'effervescence des clubs et plus tard des associations. Ces temps sont passés. Les discussions violentes arrivaient naturellement à leur terme. La presse entière commençait à subir les conséquences de ses divers défauts imputables à la législation. Les esprits se blasaient sur l'exaltation monotone des menaces et des prophéties sans résultat. La métamorphose de l'émeute en discussion était accomplie. Parmi les accusés, on se félicitait de la maladresse qui avait circonscrit leur défense dans des questions judiciaires, au lieu de lui permettre ces controverses sur le gouvernement et la propriété, où les divisions des réformateurs n'étaient pas moins évidentes que la frayeur anticipée de leur auditoire. Parmi les juges, les dispositions indulgentes ont précédé de bien peu de jours la subite cruauté des sentences.

On se plaint des recherches téméraires qui sapent, dit-on, dans ses bases, le principe de toute autorité. Oui, l'autorité établie était attaquée ; mais jamais le principe théorique de l'autorité ne fut corroboré dans nos écoles par des doctrines moins amoureuses de l'anarchie.

Si l'on étudie attentivement, dans leur tendance la plus élevée, et aussi la plus influente, les interprètes aventureux de la démo-

cratie française , on verra qu'ils se servent des traditions reli-
gieuses , de l'histoire, de la philosophie, de l'économie politique ,
pour revêtir leur différens types de pouvoir social d'attributions
colossales. Cette disposition fort souple dans ses écarts et dans ses
fantaisies , a des côtés favorables au despotisme , n'importe lequel.
Les plus injustes critiques de la souveraineté populaire , de son in-
suffisance, de ses infirmités , nous viennent de quelques partis
démocrates. Cependant les dictateurs nuisaient aux dictatures.

Beaucoup de bons esprits ne voulant pas se payer des étranges
diversités de certains mots , et ne voyant surgir sur le fonds pri-
mitif de la démocratie que des prétentions providentielles ou à
moitié théocratiques , ajournaient leur républicanisme parce qu'ils
étaient démocrates. Profondément blessés de l'iniquité des partis ,
de leurs inconséquences et de leurs perpétuelles variations, ils
cherchaient un refuge dans quelque nouveau parti qui eût le cou-
rage d'avouer sans arrière-pensée le droit commun le plus pur ,
de réunir sincèrement ce que chaque opinion a de vrai , d'embras-
ser à la fois tous les lents progrès et toutes les vastes espérances
de l'humanité.

Le moment est donc mal choisi pour passer d'une discussion
de moins en moins périlleuse à l'étouffement des discussions.
Pourquoi considérer comme un état normal les paroxismes toujours plus faibles d'une première crise?

Que les feuilles quotidiennes soient délivrées du timbre et du
cautionnement, il s'en établira bientôt de nouvelles qui ne pour-
ront qu'exprimer plus sincèrement toutes nos divisions et toutes
nos incertitudes. Ce n'est pas avec des incertitudes et de libres
contradictions qu'on prépare des bouleversemens. On peut en
amener par le monopole ou par la contrainte.

Chaque parti n'obtiendrait que le degré d'importance et d'autorité qui lui serait dû. La représentation de ses doctrines devien-
drait véridique , puisque le choix aujourd'hui si restreint des
abonnemens, n'obligerait plus aucun lecteur à choisir un organe
contraire à ses opinions.

Ajoutons que le prix des feuilles dégrevées de l'impôt du timbre et du cautionnement, serait réduit de plus du quart et peut-être d'un tiers. Elles gagneraient donc un nombre immense de lecteurs en même temps qu'elles seraient obligées, sous peine de les perdre, de s'améliorer sous tous les rapports.

La presse réaliserait ainsi, par des contributions volontaires, cette œuvre d'enseignement graduel que les ressources du gouvernement et des communes ne peuvent qu'ébaucher. De même que les journaux se corrigeraient ou se contrebalanceraient les uns par les autres, leurs lecteurs ayant les moyens d'en comparer un plus grand nombre, trouveraient dans cette contradiction continuelle les élémens d'une opinion plus éclairée et plus équitable.

Sous le régime du timbre et du cautionnement, la presse est affligée de deux espèces de centralisations qui s'aggravent l'une par l'autre : la centralisation du lieu et celle des personnes. La capitale en effet parle seule à la France, et dans la capitale peu d'écrivains dirigent la discussion. Les quinze journaux, propriétaires à peu près exclusifs des droits consacrés par la Charte, ne peuvent être réunis que dans les cabinets littéraires des grandes villes. La majorité des communes agricoles n'en reçoit pas. Là où quelques lecteurs éprouvent ce besoin, le prix excessif de 80 fr. donne lieu à des abonnemens collectifs qui renferment au hasard la pensée d'un seul journal dans une sorte de paroisse politique inaccessible à la vérité. Les journaux appartiennent au troupeau des abonnés et les abonnés au monopole des journaux. Ici la vie publique se concentre, s'isole et s'exalte jusqu'au délire ; ailleurs elle se perd dans une profonde inertie. Comment la vérité du système représentatif sortirait-elle d'une si inégale et si fausse répartition de lumières ? Tel est pourtant le fidèle tableau de la presse actuelle. Les lois qui la régissent ne sont propres qu'à nourrir des factions.

Dira-t-on qu'un nombre illimité d'écrivains peut s'employer dans les quinze journaux établis pour améliorer leur direction, et qu'un monopole réunissant ainsi tous ceux qui savent exprimer leurs pensées n'est plus un monopole ?

La plupart des écrivains peuvent être employés, cela est vrai, mais en sacrifiant leurs sentimens personnels à ceux des action-

naires ou des directeurs. Que l'on y fasse attention : chaque journal n'a qu'un style, quels que soient les dissidences et le nombre de
ses écrivains. C'est le style du directeur en chef qu'il faut imiter
dans ses pensées et dans leurs formes , si l'on veut écrire.

Vainement aussi l'on objecterait qu'une opinion puissante peut
toujours venir à bout de fonder un nouvel organe , et qu'on ne doit
aucun encouragement à ceux qui n'ont pas le crédit nécessaire
pour aventurer une somme de quatre à cinq cent mille francs ?
cela signifie sans doute qu'on est très satisfait de la presse actuelle ,
parce qu'un gouvernement habile sait profiter des fautes qu'il ne
veut pas prévenir. A de plus simples esprits , il semble que pour
le moment et malheureusement pour long-temps encore , une
opinion assez répandue , assez vive pour obtenir de ses adhérens
un énorme capital, ne manquerait pas d'imposer à son nouvel organe des conditions de parti. Le journal naissant serait donc né-
cessairement créé dans un esprit de combat et non de recherche.

Q'allez-vous faire? disait M. le ministre de l'instruction publique , à l'occasion d'une réduction de cautionnement et de timbre
proposée par M. Bavoux : *La suppression du cautionnement n'in-
téresse en aucune façon les anciens journaux. Vous allez accorder
une faveur à ceux qui sont empreints d'un mauvais caractère , aux
journaux qui sont nés du premier enivrement et des désordres
de la victoire. Voulez-vous faire justice et non pas faveur? Sup-
primez les droits sur le timbre et les frais de poste. Cette suppression tournera véritablement au profit de tous. Ce sera une mesure
efficace. Je n'ai pour mon compte aucune objection à proposer.*
(Discours de M. Guizot, *Moniteur* du 8 novembre 1830).

M. le ministre réclamait un dégrèvement d'environ 31 fr. en
voulant supprimer à la fois les frais de poste et les droits de timbre.
Notre pétition est moins libérale. Nous ne demandons pas la suppression des frais de poste qui s'élèvent à près de 11 fr. par chaque
abonnement et qui sont l'indemnité rigoureuse d'un service de
l'État.

A la vérité nous sollicitons une réduction de cautionnement
dont M. le ministre ne voulait pas. Voici quels étaient ses motifs

exprimés par M. le président actuel du conseil, dans un rapport à la Chambre des Pairs : « *Le cautionnement a pour but véritable d'exiger une certaine garantie de lumières, d'éducation, de fortune, d'intérêt à l'ordre, de la part de ceux qui pourraient le troubler.* » (Rapport de M. de Broglie, *Moniteur* du 3 décembre 1830.)

Or, si, comme il n'en faut pas douter d'après la déclaration de messieurs les ministres, leurs nouvelles lois ont pour effet de rendre impossible la presse révolutionnaire, quelle objection raisonnable opposeraient-ils à la réduction ou même à la suppression totale du cautionnement ? Il est clair que le journaliste menacé désormais de la ruine complète de son industrie, de la perte de sa liberté, ou de la captivité ajoutée à la déportation, serait dispensé du cautionnement sans que le gouvernement perdît vis à vis de lui aucune de ses terribles garanties.

Craint-on de multiplier tellement, par le libre concours des journaux, les chances de délits ou d'attentats, que la répression serait impossible ? Mais d'abord, vous venez de multiplier les ressources des tribunaux et d'accélérer les procédures. En second lieu, le choix des juridictions, le changement des proportions numériques du verdict des jurés, l'aggravation de toutes les peines, devraient vous rassurer.

D'ailleurs, les journaux établis avec leur clientèle toute formée, sont assurés pour long-temps d'un très grand avantage sur les journaux qui viendraient à s'établir. La libre concurrence n'aurait en commençant qu'une influence morale; elle agirait moins par le nombre que par l'exemple, et très peu d'entreprises nouvelles suffiraient pour placer la presse entière sous l'empire de deux sentimens également efficaces : l'émulation ou la crainte d'être surpassé. Dans l'intérêt du gouvernement, de la société, des journaux existans eux-mêmes, la transition du monopole au droit commun serait donc simple et naturelle.

Nous croyons fermement que sous le régime du droit commun, le gouvernement et la société auraient des garanties répressives fort supérieures à celles qu'on peut tirer d'un système qui, par l'excès des peines ou le bouleversement des juridictions, ne détruit pas les vices essentiels du monopole.

En effet, si des délits ou attentats étaient commis par une presse libre, les jurés ne seraient plus préoccupés, comme ils l'ont été jusqu'à ce jour, par la crainte de réduire la liberté de la presse, en contribuant à la ruine d'un journal. Cette considération inévitable et très fondée, quand il existe un petit nombre de journaux privilégiés, n'a plus de valeur dès qu'on peut facilement en établir d'autres. Le jury serait alors d'autant moins disposé à l'indulgence envers les accusés, qu'ils auraient abusé d'un droit mieux reconnu.

Conséquences probables des lois proposées.

On rejette le libre concours des journaux, parce qu'on n'en a pas fait l'expérience, et l'on va tenter un essai infiniment plus périlleux.

Les lois nouvelles calmeront-elles les haines qui leur servent de prétexte ? Atteindront-elles leur but ?

Si des hommes, sincèrement attachés à la monarchie de 1830, s'effraient ou s'indignent du régime qu'on veut établir, on a déjà la mesure des sentimens qu'éprouveront ceux qui n'ont ni le même attachement ni les mêmes scrupules.

Le pouvoir serait désormais dispensé d'avoir de l'esprit si ses adversaires n'allaient pas être obligés d'en montrer beaucoup plus. On leur imposera quelques précautions oratoires ; mais le chef de l'Etat sera-t-il moins désigné parce qu'on l'appellera système, contre-révolution, réaction, ordre de choses, etc. ?

Nous voulons bien le croire, messieurs les ministres, après avoir déclaré que le roi régnait et gouvernait, ne veulent pas attaquer la discussion constitutionnelle de leurs actes ainsi confondus d'avance par leurs propres doctrines avec ceux qu'on ne pourra plus discuter. Pensent-ils rester impassibles devant des attaques dirigées en apparence contre eux seuls, mais dont ils sentiront davantage l'amertume sans parvenir à préserver la couronne ? Ils préfèrent l'honneur royal au soin de leur réputation... C'est bien. Cependant ils n'ont pas toujours été fâchés qu'on distinguât leur opinion de celle du roi. N'ayant plus la ressource de faire valoir leur indépendance personnelle, ils seront bien plus sensibles à des imputations qui cesseront d'être partagées et qui redoubleront d'énergie en paraissant mesurées. Un cabinet plus irritable va se trouver en présence d'une presse plus irritée et plus irritante. Cette situation, qui déguise toutes les haines en les avivant, doit-elle durer ?

Si les lois nouvelles étaient outrepassées par leurs auteurs ou par ceux qui peuvent leur succéder, qu'arriverait-il ? Nul ne le sait. Nous savons seulement que des volontés passagères et des pouvoirs incertains auraient remplacé les garanties de la Charte. Nous savons, par le témoignage d'un demi-siècle de vicissitudes, que les réactionnaires deviennent plus aveugles à mesure qu'ils éprouvent moins d'obstacles et de dangers. Leur emportement s'accroît en raison inverse des causes qui le provoquent, de sorte que les réactions finissent presque toujours par des réactions opposées, qui en amènent d'autres sans terme et sans repos. Ainsi, les souvenirs de la terreur ont été poursuivis avec bien plus d'acharnement sous le Consulat, l'Empire et la Restauration, que dans les quinze premiers mois qui suivirent la délivrance du 9 thermidor. Les partis saignans et mutilés avaient encore le sang-froid que l'on retrouve en d'extrêmes périls. Ce fut peu à peu que les ressentimens éclatèrent. Tant que durent les impressions de la bataille, on en ressent l'ardeur, l'insouciance, la générosité ; on ajourne bien des choses ; on va au plus pressé ; mais lorsqu'une victoire signalée a donné au plus fort la pleine disposition de sa puissance jusque-là défensive, il veut écraser le vaincu, et l'avilir quand il est écrasé. Par vanité ou par calcul d'ambition, il invoque des dangers imaginaires ; il est aussi plus peureux, parce qu'il a moins bonne conscience. Puis les vainqueurs se divisent, forment d'autres alliances, engagent de nouvelles guerres, où le vaincu, réhabilité par le martyre, ne manque pas de reprendre son rôle.

La tranquille supériorité de raison, les nobles attraits de la grandeur d'ame, l'exemple du respect des lois et de la droiture dans le gouvernement, peuvent apaiser de profondes discordes ; mais le silence et les persécutions, jamais.

Bonaparte crut pouvoir gouverner autrement, en répandant sur ses amis ou ennemis les trésors et les honneurs de la conquête. A son retour de Russie, il disait que l'idéologie et la discussion perdaient les empires, que les assemblées représentatives étaient incapables de faire les lois. Deux ans plus tard, il déclarait, dans son Acte additionnel, qu'en dehors d'un système de conquêtes la liberté illimitée de la presse et l'extension la plus complète du régime représentatif étaient nécessaires. Nous n'avons pas, comme lui, des royaumes à conquérir, et nous avons éprouvé de plus profondes lassitudes que celles dont nous paraissons accablés.

Quelques noms fort connus dans la presse républicaine ou carliste parleront plus haut que toutes les réticences et toutes les circonlocutions devenues obligatoires. On se retranchait avec une certaine paresse d'esprit, dans les mots de [république et de légitimité. Maintenant, on approfondira l'idée ; on l'enveloppera des usages constitutionnels ; elle fera son chemin par tendance et par d'ingénieuses transitions. Voilà ce qu'on ne peut négliger d'entreprendre avec un surcroît d'adresse et de haine. Ceux qui prétendent limiter les discussions n'en connaissent pas les ressources.

Les journaux de l'extrême droite ou de l'extrême gauche, étant astreints à des précautions qui ne feront qu'accroître l'influence de leurs doctrines, et les journaux constitutionnels ou de tiers-parti dont la sincérité ne pouvait être mise en doute quand ils se séparaient librement de la presse révolutionnaire, étant plus hostiles, tous ces élémens forcément rapprochés vont former une opposition beaucoup plus dangereuse.

Qu'en résultera-t-il si l'on ne veut pas aller plus loin que ce que l'on propose ? Une énorme influence au profit de l'opposition constitutionnelle. Les conditions du monopole sont changées, mais le monopole reste. Sous tous les rapports, les menaces de la loi le renforcent au lieu de l'affaiblir. L'opposition révolutionnaire fera des progrès cachés; mais elle aura cessé d'être un obstacle à la guerre de portefeuilles. De là, une extrême instabilité dans les affaires administratives.

Or, si l'on redoute de nouvelles révolutions, le déplacement des ministres par des calculs personnels et par la métamorphose de tous les priviléges des journaux en un privilége de tiers-parti, est-il sans inconvénient?

Il nous reste à examiner si la perte de deux millions qui résulterait pour le trésor de la suppression du timbre sur les journaux, mérite une attention sérieuse. Que les simples procédés du droit commun soient substitués à ceux des factions, que la presse devienne une libre et régulière puissance, probablement les ministres croiront pouvoir économiser une partie des trois à quatre cent mille francs qu'ils accordent à leurs défenseurs subventionnés. Dans tous les cas, ils obtiendraient certainement de ce nouveau régime, que nous espérons peu parce qu'il est raisonnable, une réduction de dépenses en poursuites judiciaires, surveillance de police, déplacemens de troupes et récompenses nationales.

Les droits de timbre établis sur les journaux rapportent à la Grande-Bretagne douze à treize millions. Cependant, l'illustre et honnête lord Brougham, le lord-maire et le conseil municipal de Londres n'hésitent pas à en demander la suppression. Ils réussiront sans doute; l'Angleterre obtiendra cette immense réforme... et nous, sommes-nous bien sûrs que notre charte sera jugée *nécessaire?*

IMPRIMERIE DE H. FOURNIER,
RUE DE SEINE, N. 14.